Poemas del verano

Poemas del verano

Jayanta Banerjee

Número de Control de la Biblioteca del Congreso de EE. UU.:   2019901922
ISBN: Tapa Dura   978-1-5065-2820-5
                Tapa Blanda   978-1-5065-2819-9
                Libro Electrónico   978-1-5065-2818-2

Información de la imprenta disponible en la última página.

Fecha de revisión: 20/03/2019

Para realizar pedidos de este libro, contacte con:
Palibrio
1663 Liberty Drive, Suite 200
Bloomington, IN 47403
Gratis desde EE. UU. al 877.407.5847
Gratis desde México al 01.800.288.2243
Gratis desde España al 900.866.949
Desde otro país al +1.812.671.9757
Fax: 01.812.355.1576
ventas@palibrio.com
792657

A Matilde (Matty) Muñiz Troche, mi señora esposa,
por enseñarme a trabajar con disciplina y precisión,
y por su atención a mis logros y fracasos.

Índice

Oda al Tiempo

Tiempo perdido en el lejano pasado
no volverá.
El tiempo venidero nos espera.
En esta edad avanzada
el amor toca la puerta silenciosamente
pero con fuerza,
como el infante agarra el seno de su madre
con el sincero deseo de
quitarse de su sed.
Sus labios buscan el alimento
sin pretensiones, sin miedo.
El amor al atardecer del sol
saluda al amor de amanecer al otro horizonte.
¡Pero es el mismo sol!

Soy un extranjero en esta tierra,
navegando para buscar otra orilla.
Cuando consigo esa playita
escondida en mi corazón,
abarcaré mi lancha allá.
Y te invito a acompañarme
para cantar al sol de atardecer.
En esta playita mía
no hay fronteras entre países y pueblos.

Existe solamente la existencia
de un solo espíritu:
la hermandad universal.

Como un bebé
sentado en una silla alta para un infante
(en un restaurante),
estoy hablando solo
conmigo.
¡Qué importa a los demás!
Estoy buscando mi lancha
para abarcar
a buscar
otra tierra.
¡Un nuevo amanecer!

Abre la puerta de tu corazón
para que mis canciones
puedan entrar allí,
más allá de tu mente
en tu espíritu.

Quiero cantar para ti,
para tu libertad de este encierro material,
antes de decirte adiós.
Abre la puerta de tu corazón.
Quisiera escribir mis últimos versos
para ti;
y para cantar en la fiesta venidera
de la próxima primavera,
antes de decirte adiós.
¡Abre la puerta de tu corazón!

Recordándome en el Día de las Madres

La mamá gallina
está pasando lentamente con sus tres pollitos
por la grama verdosa del recinto colegial.
Ella está buscando desesperadamente
la comida para sus criaturas.
¡Madre, solo hay una!
Los pollitos siguen en la fila precisa
sin perder el camino de su madre.
¡Qué confianza tan firme tienen en su madre!
La mamá gallina mira atrás cada rato
por no perder sus criaturas ni por un momento.
¡Qué amor tan tierno en el mundo de la fauna,
igual que en la vida de una madre humana!

La mamá gallina sigue buscando la comida para sus pollitos,
y cuidando a la vez a sus tres criaturas
con una mirada firme de la protección tan increíble.
¡Madre, solo hay una!

En ese momento empieza una llovizna suave
con la briza primaveral oscilante.
Y la mamá gallina se asusta;
busca un refugio debajo de un árbol

para amparar sus pollitos.
Mientras la llovizna crece
con la briza aún más petulante;
la madre gallina busca locamente
un lugar seguro para sus criaturas.
Por fin ella ve bien cercano
un gigantesco árbol de mango,
y corre con sus pollitos hacia ese árbol
para darles un amparo de seguridad
a sus criaturas tan tiernas.
Inmediatamente, casi al instante
los tres pollitos se meten
en un huequito a pie del tronco del árbol.
(Como si fueran unos hombres prehistóricos
entrando en una cueva de piedras
en una noche de tormentas y relámpagos).
Y la mamá gallina se queda firmemente parada
frente al tronco de ese árbol de mango
como la guardia protegiendo su pueblo
amenazado por una batalla de invasión.

¡Madre, solo hay una
y su amor es muy singular!

El Amor de la Madre Mona

¡Por fin se culminó el experimento
en el laboratorio de biología!
¿Y cómo fue el ensayo?

En un enorme cilindro transparente del plástico
están puestos una mamá mona y su bebé monito.
Al comienzo del experimento
la mamá mona y su hijo
se quedaron bien tranquilos dentro del cilindro.
Luego la bióloga empezó suministrar el agua filtrada
poco a poco,
por un tubo conectado en la base del recipiente cilíndrico.
Comenzó a subir el nivel del agua en el cilindro,
y la mamá mona lo sintió y agarró su bebé fuertemente
por la mano.
El nivel del agua siguió subiendo,
y la mona alzó su criatura en sus brazos.
Siguió subiendo el nivel del agua
y la mamá mona estiró sus brazos arriba,
balanceando el monito cuidadosamente entre los brazos.

Llegó el momento
cuando el nivel del agua le tapó la nariz de la mona,
y ella ya no podía respirar más.
¡Estaba ahogando!

En ese último momento de su vida
ella tiró su bebé con la máxima fuerza de sus brazos
hacía arriba fuera del recipiente cilíndrico.

En ese instante culminante del experimento
la bióloga cerró la llave del agua,
y rescató la mamá mona y su monito.

¡Madre, solo hay una
y su amor es incondicional, muy singular en toda la fauna,
no solo en nosotros, *los homo sapiens*!

Nuestra Memoria, Nuestra Residencia

No abre las heridas cicatrizando
con la suave pomada del tiempo.
No cierra la puerta del pasillo
que conduce al camino luminoso.
Nuestra memoria es la única residencia
donde vive en silencio nuestro amor.

No compare a Mia con Dios

No compare Mia con Dios
porque Mia *es* Dios.
Todos los infantes son Dioses,
tienen sus almas transparentes del diamante.
Ellos ven a Dios tan claro como tú ves a Mia.
Mia llora, ríe y baila.
Dios también llora, ríe y baila;
llora por nosotros, ríe para nosotros y baila con nosotros,
igual que Mia.
Tú debes tener paciencia con Mia
igual que Dios tiene mucha paciencia con nosotros.
Mia te ama
igual que Dios nos ama.
Ten paciencia con ambos: Mia y Dios.
También ten paciencia con los que te molestan.
Dios tiene mucha paciencia con todos los que le molestan.
Dios creó el universo
porque se sentía muy solo en el vacío infinito;
quería ver algo finito, algo concreto, algo manifestado en
materia.
Dios es omnipotente, omnisciente y omnipresente;
El Todopoderoso se sentía muy aburrido en el enorme vacío de
nada.

En el profundo silencio no se escuchaba ni se veía nada.
Por fin se creó el universo con galaxias, soles y planetas;
y nuestra Tierra se llenó con floras y faunas,
con brillantes colores y ricas aromas.
Por eso cuida la Tierra como si fuera tu Mia.
También cuida a la madre de Mia
porque ella le dio refugio a Mia en su vientre
y la parió.
Cuida a la abuela de Mia también
porque ella parió a la madre de Mia.
Es una cadena de creaciones,
una armonía de amor y esperanza
en que vivimos pero alejados de uno a otro.
La misma esperanza tiene Dios
para el destino del universo.
Pero, amigo mío,
nada es permanente.
Ni tú, ni yo, ni Mia, ni su abuela.

Este universo se va a desaparecer,
diluir silenciosamente
sin ninguna explosión del Big Bang.
Pero falta todavía mucho, mucho tiempo,
Tiempo tan grande,
inimaginable en nuestro sentido de percepción.
Por eso ama a Mia, ama a Dios;
no los campare.

Mi Testamento No Escrito

Este es mi última parada
antes de decirles adiós.
Aquí frente a mi pequeño escritorio,
frente a unos libros usados
pero cuidadosamente arreglados,
me siento de mi propia existencia.
Algunos de estos libros son mis favoritos:
Fausto de Goethe;
El Amor en Los Tiempos del Cólera,
por Gabriel García Márquez
(cariñosamente lo llamábamos Gabo)
y una pequeña Biblia también.

Aquí me siento tranquilo,
felizmente solo en el silencio de la mañanita,
en el aroma de las flores nacientes,
cuando el sol apenas está saliendo
de las oscuras nubes en el horizonte,
anunciando su presencia, su libertad y nuestra libertad.
Y los pajaritos en los nidos están despertando
para traer algo a comer para sus pichoncitos.
¡Qué hermoso es este amanecer!

Rodeado por este silencio pienso yo:
¿Por qué jubilarme de mi trabajo;
por qué no trabajar hasta que pueda para mis estudiantes?
¿Por qué dejar de pensar en algo nuevo;
por qué no salir de la rutina de reinventar la rueda?

Tal vez los años en el futuro serán más productivos;
tal vez no me voy a caer en el remolino de envejecerme.
Tal vez no viviré muriéndome cada día,
ni moriré viviendo en el pasado.

La Madre de Mis Hijos

Ya no la retrato más en mi mente
como mi esposa,
o mejor dicho, como mi exesposa.
Ella está en mi mente, en mis sueños
como la madre de mis hijos.

Madre dulcemente fuerte;
madre que les enseñó a sus hijos desde chiquito
la disciplina en la casa, en la calle, en la escuela y en el trabajo:
la disciplina de la vida.

Madre que nunca dejó solos sus hijos,
que todavía los acompaña cuando la necesitan,
y a los nietos también;
la hermosa abuelita les acompaña a sus nietos
a la escuela, al parque, al cine, y a todas partes
de este jardín de la niñez.

Madre bondadosa, madre cariñosa, madre inmaculada,
madre sacrificada, madre santificada
madre eternamente alegre,
madre sonriente y feliz en sus años dorados.

Esa madre vive en mi mente, en mis sueños
como la dulce madre de mis hijos,
como la hermosa abuela de mis nietas,
y no como mi exesposa.

Valorar los Pequeños Detalles de la Vida

Los pequeños detalles que pensaba insignificante,
hoy con la madurez de mi vida,
los aprecio como invalorable.
Estas cosas no tienen precios
porque no son simplemente *las cosas*
sino existen más allá de los artefactos materiales.
Es como la brisa que pasa en prisa
y hace vibrar nuestros corazones.
Como un sonido que viene de lejos
trayendo la melodía de otros pueblos.
Es como un nido
donde los pájaros traen comida a sus pichoncitos.
Pronto, muy pronto
estos pichoncitos desalojarán sus nidos
y volarán al mundo del desafío,
guardando el nido en su dulce memoria.
Las pequeñas cosas de la vida
son los aromas de las flores que nacen
en un jardín creciente.
Esa vista de amanecer al mar conlleva
la esperanza del día que viene por delante.

Las Caras del Amor
(en víspera de mis 77° cumpleaños)

El amor se florece en tantas imágenes
como los colores de un arcoíris.
El conjunto de estos colores es aún más hermoso.
La memoria de esta vista del arcoíris
siembra en mi mente la armonía de estos colores:
violeta, índigo, azul, verde, anaranjado y rojo.
Hay otras combinaciones de colores también
como en las plumas de un pavo real:
un abanico de colores.
¡Quizás en la armonía de estos colores
la más hermosa es la parte de la luz invisible,
en ultravioleta e infra-rojo!
Así es la armonía del amor invisible;
es más bello, más sutil que el amor manifestado.
Valora los detalles del amor no manifestado,
porque los detalles incognitos son aún más dulces.
Lea las invisibles letras entre las líneas de un poema,
a veces son más significantes que las letras en molde.
Las pausas en las canciones también tienen su melodía.
Escucha ese silencio que vibra más que las cuerdas de tu guitarra.
El silencio es el corazón de tu propia música.
El silencio es el agradecimiento de tu propia alma.
El silencio es el murmullo del río que fluye

como la sangre en tu cuerpo.
Es el dialogo con tu propio Ser.
Es la meditación con tu **Atma.**

Pasan mis horas del amanecer en silencio,
mirando al sol subiendo del mar
como si fuera Alfonsina renaciendo,
y las gaviotas volando en el profundo azul,
celebrando su reaparición.
Este silencio es mi motivo de conversar contigo.

Una breve canción de Rabindranath Tagore (Ganador del Premio Nobel en Literatura)

Con la luz de mi ojo
vi el mundo fuera de mi ojo.
Miraré a mi corazón
cuando ya no abrirá mis ojos ni habrá esa luz.
Cuando tú no estarás tan cerrada en este mundo
mi corazón se abrirá para ti.
Pero ahora quiero verte en tu propia luz.

Jugamos juntos en la casita para jugar,
pero la muñequita para jugar juntos se rompió
por la tormenta que pasó.
¿Y ahora con qué vamos a jugar?
Entonces jugaremos con nuestros corazones,
pero la guitarra se rompió también
por la misma tormenta
del corazón.

La Vida Sublime

Usted no solamente terminó con esa cadena del maltrato
sino también culminó con ofrecer la nueva cadena del amor
a sus hijos y nietos.
Espero que se perdure esta hermosa cadena del cariño
de generación en generación por medio de sus
bisnietos, tataranietos y choznos.

El amor es un solo
pero tiene tantas caras, tantas manifestaciones:
Amor carnal, amor Platónico, amor fraternal,
amor a los padres e hijos, a los abuelitos y nietecitos,
y por fin el amor espiritual a Dios.
¡Un sol único,
muchas reflexiones!
Igual que el amor hay uno solo Dios,
y tiene muchas apariciones:
Krishna, Buda, Cristo, Mahoma y mucho más.
Son las apariciones de Dios, son los mensajeros de la paz,
son embajadores del amor.
Y ese Dios es dentro de cada uno de nosotros.
Escúchalo, cuídalo.
No es que el ruiseñor ha dejado de cantar,
hemos dejado de escucharlo.

Llegar a la casa de la abuelita

Era un viaje siempre largo,
pasando por los páramos,
luego por los llanos
para llegar a Naguanagua.
Es casi diez horas de viaje
con solo una parada para comer algo
y cambiar los pañales de los chiquillos.
Al acercarse a Valencia
cuando aparecía el enorme aviso del "Protinal",
ella se ponía muy alegre y decía:
¡Ya llegamos a la casa!

Estacionando nuestro carrito al frente de la casa en la esquinita,
vemos a la abuelita Ignacia esperándonos en la puerta.
Ahora empieza la lluvia de besitos, abrazos y sonrisas:
El vahovahovaho del corazón.
La abuelita no pierde su tiempo;
va de inmediato a la tienda de Gina al lado
y compra la harina del pan para hacer las arepas
a comer con el queso guayanés y jalea del mango.
¡Ay, qué sabroso es!

Murad

¿Qué culpa tiene él?
Salió de su país
por el miedo al servicio militar obligatorio.
Si no lo hace
lo van a meter de inmediato en la cárcel
como si fuera un rebelde contra el gobierno de Basar Assad.

Dejó atrás en Damasco su familia: Su esposa con una hija recién
nacida,
su madre anciana, quebrantada de salud y dos hermanas.
Antes de salir de su patria
toda la responsabilidad de su familia caía a sus hombros en
estos años.
¿Y ahora?
Ahora tiene que huir de su propio pueblo,
o morir.

Murad no tuvo mucho tiempo para pensar del futuro,
ni del pasado, ni del presente.
Salió escondido de Damasco en una noche de tormenta
por el camino clandestino a Turquía
con nada en la mano salvo su teléfono móvil,

una mochila con las necesidades básicas las más mínimas,
una botella de agua y algo de dinero para subsistir en el camino.

Tres días de caminar en clandestino para llegar a la orilla del
mar
de donde salen los barcos de goma hacía Grecia,
el primer paso para Europa: El paraíso seguro.
Angustia de tanto esperar para embarcar en uno de esos barcos
de goma,
tan insegura y peligrosa,
llano de niños llorando, ancianos hambrientos
que se ven en la cuenca de sus ojos,
y mujeres embarazadas.
El barco petulante por las olas del mar,
pierde su balance a menudo y casi se ahoga en la turbulencia.

Por fin Murad llegó a un puerto muy pequeño de Grecia:
El país de trampolín para lograr a llegar a su destino, su meta
de migración,
no importa aunque sea por estos transportes de piratas.

Pasan semanas allí sin ninguna noticia de su familia en Damasco.
A veces piensa Murad de regresar a su familia en Siria
pero la ilusión de sobrevivir y vivir lo hala por atrás.
Su sueño es llegar primero a Europa y luego traer su familia allá.
Allá en Alemania o Francia o Italia su hija va a tener la mejor
educación,
su esposa, sus hermanas gozarán una mejor vida,
y para su mamá un descanso muy merecido después de tanta lucha.
Pasan meses de agonía, tristeza e impaciencia,
sin saber nada de su esposa, su hija pequeña, su mamá anciana
y sus hermanas.

Murad ya no puede aguantar más de esa espera.
¿Qué hay que hacer?
Murad piensa en lo que dijo San Agustín:
La fe es creer en lo que no se ve,
y el fruto de esa fe es ver lo que se cree.
Y sí, de verdad,
llegó un día el correo postal de Siria
trayendo buenas noticias de su familia:
todos bien de salud, sobre todo la niña y su mamá de buen
ánimo.
Y en la semana siguiente llegó el permiso de emigrarse a Alemania.
¡Que coincidencia!
Llegó la carta oficial del Gobierno alemán,
directamente del despacho de la Cancillera Presidenta Señora
Ángela Merkel.
¡Qué buena noticia! ¡Qué suerte!
Murad recordó de un poema que aprendió en su escuela
ya hace muchos años:
"La esperanza es el último bote
para cruzar la bahía de los sueños."
Murad recordó del bote de gomas
que lo trajo de Turquía a Grecia.

La Iguana Verde

Después del huracán María
salieron muchas iguanas verdes del bosque
a las calles de la ciudad,
totalmente desamparadas por la naturaleza.
No sabían cómo cruzar las calles en los semáforos,
ni parar en los 'pare's indicados.
Una de esas iguanas quería cruzar la autopista principal
para llegar al mercado del pueblo.
Sin mirar a ambos lados comienza a cruzar
la ancha autopista dividida en dos vías contrarias;
y casi se mata aplastada por un camión veloz.
La iguana de la selva no entiende nada de la ciudad;
nunca ha visto una carretera asfaltada y mucho menos una
autopista.
Por fin corre y llega a la islita que divide la autopista en dos vías
contrarias.
Y se queda allí asustada por el ruido del tránsito y por tanta
gente a su alrededor.
Todos están esperando para que cambie la luz del semáforo.
La iguana se queda inmóvil, hipnotizada por tantos cambios
tan bruscos.
Ella soñaba de su niñez en el bosque.
La música de la llovizna cayendo sobre los árboles,

sobre las flores nacientes;
le da la nostalgia.
Quién sabe cuánto tiempo tiene que esperar aquí
para cruzar la otra mitad de la autopista.
Cuando cambia la luz del semáforo la gente comienza a caminar
y la iguana le sigue a la gente hasta llegar a la otra orilla de la
autopista.
¡Por fin aprendió algo de la cultura nuestra de la ciudad!

La Mamá Gallina y Sus Cinco Pollitos

La mamá gallina y sus cinco pollitos sobrevivieron el huracán María
al esconderse en el huequito en el tronco de un árbol de mango.
La mamá gallina salió del hueco para buscar comida de los pollitos;
y los pollitos salieron también del hueco para no dejar sola a su mamá.
Todos los pollitos siguen el camino serpentino de su mamá buscando comida;
y en ese momento empezó a llover con vientos y relámpagos.
La mamá gallina todavía sigue buscando alimento para sus chiquillos en las gramas,
pero no consigue nada.
La lluvia con fuertes vientos le obliga a buscar el mismo refugio,
en el hueco del árbol de mango donde durmieron durante el huracán María.
No hay comida para los pollitos.
La mamá gallina sale de nuevo para buscar algo a comer para sus pollitos.
El amor de una madre no tiene límite.

El mar y la música

El mar es Dios;
y su reflejo es la tierra.
El mar limpia el aire;
sus olas soplan sobre las orillas
día y noche.
El mar canta.
¡Escucha su música!
La música de lluvia en la ventana
es la música eterna dentro de mi.

Las dos músicas se unen
en una sola melodía
buscando la armonía
entre el sol de amanecer
y el sol de atardecer.
¡Pero es el mismo sol!

Eres Una Flor

Eres una flor sin mancha.
No mutilarla,
ni mancharla
sino apreciar su aroma,
nada más.
Sus pétalos,
tiernos, dulce y brillantes
son para mirar y admirar
sin tocar.
Abre tu corazón por completo
como el loto abre sus pétalos totalmente
al tocar los rayos del sol de amanecer.

Nuestro Acercamiento

Nos acercamos lentamente
con la emoción incipiente
sumergida en una fuente escondida.

No nos miramos directamente
en los ojos como amantes
sino como objetos sin formas definidas
llenos de una energía invisible.

Nos acercamos con dudas,
preguntas cubiertas en la tiniebla de confusión,
y respuestas aún más inciertas.

Nos esperamos
con la mirada de esperanza
para un nuevo horizonte
luminoso por muchos colores
tan brillantes.

Esperamos ahora
con la paciencia inagotable
de una gota de llovizna
sostenida por un alambre

esperando caerse
sobre nuestra bendita tierra.

"La memoria del corazón elimina los malos del tiempo." **Gabriel García Márquez**

Celos en Mi Vejez

Cuando nos encontramos por la primera vez,
si tuvieras otro amor,
no me importaba nada.
Pero ahora,
después de tantos años,
si te veo en otros brazos,
me vuelvo loco.
¡Loco, loco, loco!

Hoy te veo tan pálida.
¿Estás escondiendo algo grave
de tu nuevo romance?

Mi amor para ti ya está muerto.
Tengo visiones de fantasma,
visiones de celos en mi vejez.

La Isla de mi Sueño

Aparece una isla en mis sueños,
bien lejos pero conocida.
Conozco sus palmas, sus ríos,
el aroma de sus flores.
Pero no puedo acercarme allá.
Mi barco no llegará a su orilla.

La veo de lejos.
Miro a las sombras de sus palmas.
¡Y cómo se alargan las sombras
cuando el sol se inclina al atardecer!
Poco a poco la isla se desaparece
en el lejano horizonte.

Vive mi isla,
viven sus pájaros, sus árboles
en mis sueños.
Pero no puedo abarcar mi lancha allá,
porque yo mismo la abandoné
por mi propia voluntad
ya hace muchas primaveras.

La Esperanza

Nos acercamos lentamente
con la emoción incipiente
sumergida en una fuente escondida.

No nos miramos directamente
en los ojos como personas
sino como objetos indefinidos
llenos de la energía latente.

Nos acercamos con dudas
y preguntas imprecisas,
y respuestas aún más confusas,
misteriosas como la sonrisa de
Mona Lisa.

Nos esperamos
con la mirada de confianza y amor
hacía un nuevo horizonte lleno de alegría.
¡Qué brillante!

El Tiempo de Ayer

¿Por qué ya no me escribes más?
Tanta memoria, tanta nostalgia,
y tanto tiempo ha pasado
sin darnos cuenta.
¡De qué prisa se fue la primavera?

Aun hoy el sol tiene el mismo brillo de ayer,
y la luna se mantiene su misma belleza.
Pero no tenemos la misma chispa de ayer.
¿O sí la tenemos?
Al parecer la misma hora pasa hoy más lento;
y el espacio ya no es tan amplio como ayer.
Ya no me dices como antes:
recordar es vivir, y vivir es recordar.

Conversando Con Mi Árbol

Cada mañana al amanecer
hablo con mi árbol de mango.
Le pregunto,
"¿Cómo pasaste anoche?"
"¡De maravilla,
la noche tan hermosa, estrellada y mística!"
Mi árbol sigue hablando,
"la noche conversa conmigo igual que tú.
Ella habla de sus amores y aventuras.
Habla del silencio, de la neblina,
de la ternura y melancolía
que había visto en los años de su larga vida."
Yo le pregunté de nuevo,
"¿Y tú, qué hablas de ti?"
El árbol me contesta,
"Hablo de mi vida,
tan larga y variada
como la eternidad.
Hablo de los romances
que he visto en mis sombras.
Hablo de las sonrisas de las parejas
que se sentaban y descansaban bajo mí amparo,
y se refrescaban por la brisa otoñal como la de hoy

que les ofrecían mis ramas.
Hablo de los abrazos y besos de pasión
que yo observaba debajo de mi sombra.
Y también de las lágrimas de tristeza de los amores fracasados,
y las lágrimas de alegría de las reconciliaciones."
"¿Y qué más?" pregunté yo.
Mi árbol de mango continuó,
"Soy el amigo del sol
y amante de la luna.
Sin el sol no hay mi sombra;
y sin la luna no hay la noche mística."

Naturaleza: La Diosa Suprema

Las enormes olas del océano rompen nuestra resistencia,
nuestra existencia con las fuerzas de la naturaleza,
y terminan con nuestras barreras artificiales.
La madre naturaleza, la Suprema Prima Dona,
severa y serena a la vez, es siempre la soberana.

Ella está bailando en su embriaguez
la eterna danza de la creación, preservación y destrucción,
como las olas del mar en un solo continuo
están bailando en un bello amanecer.
Ella está bailando intoxicada en su propio trance, *duende,*
creando nuevas playas del mar
y a la vez haciendo desaparecer otras orillas del océano
en un enorme ciclo del Tsunami.

Ella es la Suprema Diosa: *La Naturaleza:*
omnipresente, omnisciente y omnipotente;
la madre del universo,
intoxicada por su propio poder,
bailando como una serpiente feroz.

A la vez ella es la dulce madre cariñosa,
cuidando a nosotros, sus hijos,
como la madre águila ampara
a sus pichoncitos
aún sin tener un nido.

En La Playa de Mondarmoni

Despierto yo en la playa de *Mondarmoni*
con los murmullos del mar.
Anoche soñé de un mundo nuevo
donde la gente no pelea como aquí;
donde la razón y la emoción bailan juntos
en armonía para crear bellas ideas y obras.
Donde la gente no tiene miedo de la muerte
porque sabe que detrás de la cortina translúcida
de la muerte hay otra vida quizás más placentera.

Soñé de un mundo donde no hay lágrimas de tristeza,
donde nace el sol brillante, bienaventurado de *ananda*
y perdura eternamente sin cesar.
Se ve el alma de cada persona
abrigando su entero cuerpo físico
con una aura luminosa.
No hay maldad en ese mundo;
existen solamente la bondad y el cariño.
¡No hay guerra!
Sólo existe la solemnidad de una existencia natural.
Los murmullos del río, los susurros del viento,
la neblina que cae sobre la grama,

los pájaros que cantan la bienvenida a la primavera,
todos se mueven con la armonía del universo.

Anoche soñé algo inolvidable
de un mundo donde los niños y las niñas
toman las decisiones de los gobiernos.
Donde los ministros, gobernadores, reyes y reinas son niños y
niñas;
donde las asambleas se conducen por la meditación.
No hay peleas, ni fuertes choques verbales;
donde las conversaciones se desarrollan suavemente.
Y donde las mentes se intercalan silenciosamente
por medio de la meditación grupal.

Soñé de un mundo maravilloso
donde los niños y las niñas controlan la paz mundial.

El Amanecer en la Playa de Mondarmoní

¡Es un hermoso amanecer!
La brisa primaveral del mar
besa las arenas de la playa,
y los niños del campo corren
sobre los caminos serpentinos de la playa.
¡Qué vista tan alegre!
Es un brillante comienzo del día.
Las gaviotas están volando alto en el profundo azul
en su infinita libertad del cielo.
El sol ya está saliendo,
anunciando su victoria sobre la noche oscura;
y sus brillantes rayos del color de azafrán
brindan la armonía en el baile de colores con el mar azul y verde:
una alucinante mezcla de tricolor que existe solamente al
amanecer.

El amanecer es la primera bienvenida a la vida.
Tú y yo podemos comenzar de nuevo
bajo la brillantez de este sol naciente.
¡El día está apenas comenzando
llevando consigo tantas promesas de la vida!
Las flores están apenas abriendo sus pétalos
con la esperanza de un jardín de porvenir.

Los pichoncitos están saliendo de sus nidos
para aprender a volar, guiados por sus madres.
Es su primer vuelo al aire libre,
el primer sabor más dulce de la libertad
debajo del infinito azul.

Hoy es el Día para Cantar

Déjame nadar en este caudal de luces.
No quiero vivir cerrado en tu palacio.
Quiero salir al pueblo, hablar con el pueblo,
como hizo el Buda hace milenios.

Lléname este vacío con tus canciones.
Llámame con la melodía de tu mente vibrante.
El fuego de tu amor está tocando mi espíritu.
No sólo el cuerpo sino el alma también
está sumergida en el caudal de tus pasiones.
Estoy bailando en las olas de luces
en una catarata de la inmensa luminosidad.

Hoy es el día para cantar.
Es el momento para escuchar tus canciones.
Es el momento para unir
los dos pájaros en su nido de silencio,
sin escuchar el sonido de los caudales de la catarata.
Es el momento para abrazar el primer rayo del sol al amanecer,
y recordar de los vuelos cuando no teníamos el nido,
pero teníamos el sueño de aterrizar en un árbol
y construir un nido, un hogar para amar.

La Promesa

La promesa de realizar mis sueños
existe aún más lejos del cielo,
más allá de los siete mares.

Quiero ver estos mares
aunque sea en mis sueños,
en los colores del pavo real,
en las siete sombras del arcoíris,
aunque sea sólo por un instante.

Quiero pintar mis sueños
con todos los colores de ese arcoíris
y más allá.
Quiero verte también
pintada en todos los colores brillantes.
¡No te vayas, mi corazón!
Eres los colores de mis sueños,
las palabras de mi promesa.

No te vayas con los rencores que guardas
en los rincones de tu corazón.
No te vayas,
la princesa de mis sueños,
antes de culminar mi promesa para ti.

El Viento cambió el rumbo de mi Vida

El viento de los eventos cambió el rumbo de mi vida.
Salí de mis libros para ver el mundo vibrante
como René Decartes.
El barco lleno de mis sueños
me llevó al Mar Mediterráneo,
a Alemania, Austria e Inglaterra.
Luego al cruzar el Atlántico
¡New York City!
La cuna de la democracia americana:
Washington, Jefferson, Lincoln,
Simón Bolívar, José Martí,
Kennedy, Martin Luther King
y ahora
Barrak Hussein Obama.

El viento de los eventos
cómo cambió el rumbo de mi vida.
América por fin liberada
de la obsesión del color blanco.
El rayo del sol
penetra en el prisma transparente de tu corazón
y dispersa el color blanco
en todos los colores del arco iris.

El blanco se desintegra en los siete bellos colores.
Escoge el color de tu gusto
y deja el resto para los demás.
¡Esto es la libertad,
Esto es América de verdad!

Akiatsu y Ariko

(adaptado de una antigua leyenda japonesa)
Akiatsu está dormida,
y la luna llena entra
por la cortina translúcida de la ventana
y besa su rostro.

Akiatsu está soñando;
"Nunca he visto su cara tan hermosa,
no quiero perder esta vista,
quiero forjar este momento en la eternidad".
Así pensó su enamorado Ariko,
y la ahorcó a muerte.

Ariko no se repente:
¿por qué hice esto?
Porque no le puedo ofrecer a ella
más que este momento,
ni ella a mí.
Quiero que el tiempo pare en este momento."

¡Ariko vivió cien años más!

CPSIA information can be obtained
at www.ICGtesting.com
Printed in the USA
BVHW071207010419
544231BV00012B/432/P